Jenny Brocker

Unterrichtsstunde zum Thema Cybermobbing (Fach: Englisch). Amanda Todd. A drastic example of cyberbullying

GRIN Verlag

**GRIN - Your knowledge has value**

Der GRIN Verlag publiziert seit 1998 wissenschaftliche Arbeiten von Studenten, Hochschullehrern und anderen Akademikern als eBook und gedrucktes Buch. Die Verlagswebsite www.grin.com ist die ideale Plattform zur Veröffentlichung von Hausarbeiten, Abschlussarbeiten, wissenschaftlichen Aufsätzen, Dissertationen und Fachbüchern.

**Besuchen Sie uns im Internet:**

http://www.grin.com/

http://www.facebook.com/grincom

http://www.twitter.com/grin_com

# 2. Unterrichtsbesuch

Studienseminar für Lehrämter an Schulen, Köln

Seminar für Gymnasien und Gesamtschulen

2. Unterrichtsbesuch im Fach

# ENGLISCH

## Amanda Todd- a drastic example of cyberbullying

**Schule:** Gymnasium Köln
**Klasse:** 9a
**Stunde:** 6. Stunde (12:45-13:30)

# 1. Unterrichtskontext

## 1.1. Informationen zur Lerngruppe

Seit Februar 2015 unterrichte ich die 9a, bestehend aus 28 Mädchen und Jungen, im Rahmen meines bedarfsdeckenden Unterrichts. Mit den Schülerinnen und Schülern[1] macht das Arbeiten viel Freude, da die Lernbereitschaft gut ist. Die SuS folgen dem Unterrichtsgeschehen interessiert, beteiligen sich eifrig, sind lebhaft und aufgeschlossen und geben auch oft ihre Hausaufgaben freiwillig zum Korrigieren ab. Bei geöffneten Unterrichtsformen fällt es einigen manchmal schwer, konzentriert zu bleiben, sodass Unruhe entstehen kann. Die Ergebnisse, die sie bei der Projektarbeit *We Love Big Cities* auf Plakaten erarbeitet und präsentiert haben, sind besonders lobenswert hervorzuheben und zieren seitdem die Wand der Klasse.

Direkt zu Beginn des 2. Schulhalbjahres und meines bedarfsdeckenden Unterrichts habe ich den *3-Minute-Talk* als Ritual eingeführt. Zum einen, weil es ein Wunsch der SuS war, mehr Sprechanlässe zu schaffen und zum anderen, da am 02.06.2015 die Mündlichen Prüfungen für die Jahrgangsstufe 9 stattfinden und dies eine sehr gute Vorbereitung ist, das selbstständige und freie Sprechen zu trainieren und verinnerlichen. Die SuS dürfen sich ihr Thema selbst aussuchen und die übrige Lerngruppe gibt danach ihr Feedback zu dem Vortrag. Aus organisatorischen Gründen fällt der 3-Minute-Talk aus.

Auch der *vocabulary watchdog* ist ein fester Bestandteil unseres gemeinsamen Englischunterrichts: ein kurz vorher festgelegter SuS notiert sich unbekannte bzw. neue Vokabeln. Wenn genügend Vokabeln auf der Liste gesammelt sind, bekommt die gesamte Klasse eine Kopie, lernt diese und anschließend findet eine schriftliche Überprüfung statt. Das letzte Ritual, das wir vor kurzem gemeinsam eingeführt haben, ist das *„s"-Signal*. Den SuS bereitet das 3. Person Singular- s teilweise noch große Schwierigkeiten. Also bekommt pro Stunde ein Schüler einen Geräusch-Button und drückt auf diesen, wenn vergessen wird, das „s" an Verben zu hängen. Im Hinblick auf die Unterrichtsstunde am 22.04.2015 werde ich aber darauf verzichten, da das Thema eine notwendige Ernsthaftigkeit verlangt und ich hierbei das Geräusch als störend empfinde.

---

[1] zur besseren Lesbarkeit wird im Folgenden auf die geschlechterspezifische Nennung verzichtet

## 1.2 Einordnung in den Reihenkontext

*Synoptische Skizze über den Verlauf der Unterrichtseinheit*

| Stunde | Inhalt |
|---|---|
| 13.04.2015 Doppelstunde | ***The media generation*** - Talking about social networks. Finding positive and negative aspects of using facebook, etc. |
| 20.04.2015 Doppelstunde | Internet abbreviations and emoticons - expressing one's emotions without words (1. Teil Doppelstunde) Fake profiles, dislike button and other dangers of social networks (2. Teil Doppelstunde) |
| 21.04.2015 Einzelstunde | *Cyber bullying* - The risks of dating anonymous persons on platforms like Lovoo and Badoo |
| 22.04.2015 Einzelstunde | **Amanda Todd- a drastic example of cyberbullying** |
| 27.04.2015 Doppelstunde | How could Amanda's suicide have been avoided? *Teenage problems in general:* teenage pregnancy, family divorce, binge drinking and drugs |
| 29.04.2015 Einzelstunde | *The importance of friendships and $1^{st}$ love in teenage life* |
| 04.05-15.05 | *Betriebspraktikum Jahrgangsstufe 9* |
| 18.05.2015 Doppelstunde | *Practice: Discussions* Volunteer Work (gap year) |
| 20.05.2015 Einzelstunde | *Talking about Teens' interests and free time activities* |
| 27.05.2015 Doppelstunde | Practice for Oral Exam |
| 01.06.2015 Doppelstunde | Mock Exam |
| 02.06.2015 | *Mündliche Prüfungen Stufe 9* |

Das schulinterne Curriculum des Stadtgymnasiums Köln Porz sieht für die neunte Klasse die Verwendung des Lehrbuchs *English G21(A5)* vor, in diesem Jahr jedoch noch die „ältere" Fassung von G9. Im Rahmen der Unterrichtseinheit **Unit 4: Teen World,** die im G8er Band nicht mehr vorkommt, liegt der inhaltliche Schwerpunkt auf der Behandlung von diversen Themen im Teenager Alter. Im grammatikalischen Bereich festigen die SuS das Futur. Die heutige Stunde dient vor allem der Schulung der kommunikativen und sozialen Kompetenzen, die für die SuS gerade im Hinblick auf die Mündliche Prüfung Anfang Juni von enormer Wichtigkeit ist. Die Prüfung besteht aus einer Einzelpräsentation und einer sich anschließenden Diskussion in der jeweiligen Prüfungsgruppe. Somit legt die Unterrichtseinheit den Hauptfokus auf die kommunikative Kompetenz, um optimal auf die Mündliche Prüfung vorzubereiten. Leider bietet das Lehrbuch *English G21 (A5)* in dieser Unit kaum Material, das sinnvoll für die anstehenden Unterrichtsziele eingesetzt werden kann. Gemäß des Kernlehrplans, sollten die Texte „jugendgemäß, problemorientiert" und auch Themen „in komplexeren gesellschaftlichen Zusammenhängen[2]" behandeln.

Aus diesem Grund hatte ich mich dazu entschlossen, die SuS selbst Vorschläge zu dem Themenkomplex zusammentragen zu lassen, die sich glücklicherweise mit meinen Ideen deckten: *social media, relationships/friendships, family conflicts, teenagers in trouble (drugs, binge drinking, pregnancy), volunteer work, coming of age/emotions* und *teens' interests and free time activities* sind somit Schwerpunkte der Unterrichtseinheit *Teen World*.


## 2. Zielsetzung der Stunde

**Ziel der Stunde:**

In Kleingruppen werden zentrale Aspekte des menschlichen Miteinanders, wie Verantwortungsgefühl und Empathiefähigkeit, am Beispiel des Cybermobbings erörtert. Die SuS werden dabei für Gefahren der sozialen Medien sensibler gemacht und teilen ihre Erfahrungen diesbezüglich miteinander.

---

[2] vgl. KLP S. 36

| Bereich | Teilziel |
|---|---|
| Kommunikative Kompetenz | Die SuS<br>➤ erweitern ihre kommunikativen Kompetenzen, indem sie in der Zielsprache ihre Ergebnisse präsentieren und im Vorfeld bereits gemeinsam in ihrer Gruppe die verschiedenen Aspekte des Arbeitsauftrages besprechen und herausfiltern.<br>➤ können Äußerungen und Sehtexten selbstständig und aufgabenbezogen die Hauptaussagen und Einzelinformationen entnehmen und diese wiedergeben. |
| Interkulturelle Kompetenzen | Die SuS<br>➤ erwerben neues Wissen über Cybermobbing und weitere Dimensionen der Gefahren im Internet (naiven und fahrlässigen Umgang mit persönlichen Informationen in sozialen Netzwerken). |
| Kooperatives Lernziel | Die SuS<br>➤ schulen im Rahmen von Kleingruppenarbeit ihre soziale Kompetenz, indem sie sich mit den anderen Gruppenmitgliedern austauschen und gemeinsam im Gespräch die wichtigsten Punkte benennen und sich gegenseitig unterstützen. |
| Methodische Kompetenz | Die SuS<br>➤ können durch bereits kennengelernte Lern- und Arbeitstechniken diese routiniert, selbstständig und kooperativ anwenden und nutzen. |

## 3. Erläuterungen zu didaktisch-methodischen Entscheidungen

Die SuS der 9a gehören zu der Generation der Sozialen Netzwerke, sind mit Smartphones, Tablets und Konsolen groß geworden. Heutzutage gibt es für fast alles Apps und man kann immer und überall mit einem Klick online sein. Soziale Netzwerke machen aber nicht nur Spaß und sind ein schöner Zeitvertreib, sondern gerade im Umgang mit Plattformen wie *facebook oder instagram* können auch Gefahren lauern. Dies wird ebenfalls in dieser Reihe thematisiert und speziell in der heutigen Stunde werden die Auswirkungen an einem Extrembeispiel, aber sicherlich keinem Einzelfall vor Augen geführt. Den SuS sind die Dimensionen bewusst, die das Teilen oder Verschicken privater Bilder im Netz erreichen können.

In der heutigen Stunde lernen die SuS die traurige Geschichte der Amanda Todd aus Kanada kennen. Als 12-Jährige entblößte sie in einem Chat per Webcam vor einem Fremden ihren Oberkörper und wurde von diesem Mann später mit dem gespeicherten Video erpresst. Er verbreitete und veröffentlichte ihr Bild bei *facebook*, weswegen sie in der Schule gemobbt wurde. Es folgten mehrere Schulwechsel, Selbstverletzungen und ein gescheiterter Suizidversuch. Mit 15 Jahren erhängte sich Amanda. Einige Wochen vor ihrem Tod veröffentlichte sie bei *youtube* ein knapp 9-minütiges Video *(My story: Struggling, bullying, suicide, self harm[3])*, indem sie über ihre Geschichte schweigend mit handgeschriebenen Zetteln berichtete.

Das Thema der heutigen Stunde wurde vorentlastet durch die Analyse von Cartoons über Cybermobbing und vorgetäuschter Identitäten im Internet.

Der Einstieg in die Stunde steht ganz im Fokus der Schüleraktivierung. Seit einigen Wochen führen wir die *Warming-up activity Milling Around* regelmäßig durch. Die SuS gehen im Klassenraum umher und bei einem Signal suchen sie sich jeweils einen Gesprächpartner und reden mit ihm/ihr über die auf dem OHP relevanten Fragen. Der Einstieg verfolgt dabei das Ziel, die SuS – gerade auch durch die besondere Situation der Lehrprobe und der zuschauenden Gäste- dass sie vorab in einer gewohnten Übungsform eine Vorentlastung des Themas erfahren und in der Zielsprache miteinander reden können. Hier wird noch einmal drauf hingewiesen, dass es sich um eine ‚*speaking exercise'* ausschließlich in Englisch handelt.

Ich habe mich bewusst für das Video von Amanda Todd entschieden, da es sich hierbei um eine ganz besondere Textauswahl handelt. Das Mädchen ist nur teilweise, schwarz/weiß und undeutlich im Hintergrund zu erkennen. Doch wie sehr Cybermobbing ihr Leben zerstört hat wird mehr als deutlich. Bei dem Video handelt es sich um eine Mischung aus Hör-, Lese- und Sehverstehen. Außerdem wird es noch mit tragender, trauriger Musik begleitet[4]. Mit knapp neun Minuten ist das Video natürlich länger als übliche Videos, da es sich aber nicht um reines Hör- und Sehverstehen handelt, ist es für eine *while-viewing activity* geeignet. Bei meinen SuS sehe ich darin keine Überforderung das Video nur einmal zu zeigen, da sie auch ausreichend Zeit haben, die Karten sogar mehrmals zu lesen. Amanda zeigt jede Karte einige Sekunden lang in die Kamera.

Sollte wider Erwarten die Technik nicht funktionieren, habe ich im Vorfeld den Inhalt der gesamten Karten abgeschrieben und werde den SuS diese Abschrift als Text geben. Somit ist zwar der Effekt für das Video nicht mehr vorhanden, die Stunde aber nicht verloren.

Mit dem Video treffe ich den Zeitgeist der heutigen Generation. Tausende von Jugendlichen drehen youtube Videos, haben dort eigene Kanäle, tausende Abonnenten und

---

[3] Video: https://www.youtube.com/results?search_query=amanda+todd+my+story+struggling+bullying
[4] "Hear you me" von Jimmy Eat World
Jennifer Morina

zeigen z.B. *Make-up Tutorials* bei den Mädchen, oder *Let's Play* Videos bei den Jungen. Ich knüpfe hiermit an die lebensnahen Erfahrungen der SuS an, es weckt Interesse und ist vor allem anders als herkömmliche Videos, was zur Folge haben wird, dass die SuS gespannt Amandas Geschichte verfolgen werden. Die Rechtschreibfehler Amandas, sind für unsere Zwecke nicht wichtig. Es handelt sich hierbei um authentisches Material, dass die SuS berühren und mitfühlen lassen wird. Für den Fall, dass einige der Mädchen und Jungen der 9a das Video bzw. die Geschichte schon kennen, werde ich vorab darum bitten, dass diese noch nicht den Ausgang verraten werden. Nach der Präsentationsphase wird aber hierfür noch Platz sein, was schließlich in die Hausaufgabe münden wird.

Nach dem Video folgt eine Redekette. „Hier gibt es keine falschen oder richtigen Antworten. Sie dient dem Erfahrungs- und Meinungsaustausch, wo Ideen zusammengetragen werden"[5]. In meinen Augen ist es ganz wichtig, den SuS nach dem gesehenen Video Raum zu geben, ihre eigenen Gefühle, Gedanken und Emotionen mitzuteilen. Somit dient diese Phase auch der ersten Zwischensicherung und kann auch eventuelle Verständnisfragen bzgl. des Videos beinhalten, obwohl eine Redekette ihren Platz normalerweise in der Einstiegsphase des Unterrichts hat.

„Beim Einsatz von Videos bzw. DVDs müssen medienadäquate Arbeitsweisen praktiziert werden"[6], demnach bekommt die Klasse vor dem Video bereits Beobachtungs- und Arbeitsaufträge, die dann nachher gruppenteilig von den SuS bearbeitet werden. Hier habe ich mich für fünf Kleingruppen entschieden (2x5 und 3x6), da im Klassenraum an Gruppentischen gearbeitet wird und es sich um Stammgruppen handelt. Während der Gruppenarbeitsphasen ist Englisch als Ziel- und Arbeitssprache sehr wichtig, da das dialogische Sprechen vertieft werden muss. Sollten einige Gruppen Schwierigkeiten haben, sich in der Zielsprache auszudrücken, können sie sich ein *support system* vom Pult nehmen, zur Hilfestellung auf sprachlicher Ebene. Des Weiteren werden jedem SuS feste Rollen während der Arbeitsphase zugeteilt. Diese verhindern, dass sich einzelne SuS zurückziehen und nicht aktiv mitarbeiten. Zusätzlich dienen diese fördernd um Verantwortung zu übernehmen und auch um ein positives Gesamtergebnis zu erzielen. Die Rollen sind: *language monitor, task manager, time monitor, presenter, recorder (emissary)*[7]. Diese Rollenkarten werden zu Beginn der Gruppenarbeit selbstständig von den SuS am Pult

---

[5] S.106 Mattes, Wolfgang (2009)
[6] S.82 Haß, Frank (2015)
[7] vgl. S. 12 Grieser-Kindel, Christin (2014)

abgeholt. Sollte eine Gruppe schneller als erwartet mit dem Arbeitsauftrag fertig sein, befindet sich noch eine weiterführende Aufgabe für sie auf dem Arbeitsblatt. Somit ist auch eine Binnendifferenzierung möglich.

Als Lehrperson werde ich mich während der Arbeitsphase in den Kleingruppen bewusst zurücknehmen. Ich stehe den SuS dennoch bei Rückfragen zur Verfügung, falls Probleme auftauchen sollten. Um die Selbstständigkeit zu fördern liegen zweisprachige Wörterbücher bereit.

Bei der anschließenden Präsentationsphase wird jeweils eine Gruppe zu einer der beiden Fragen ihre Ergebnisse vorstellen. Die anderen SuS sind aufgefordert, Ergänzungen hinzuzufügen.

Meine Unterrichtsplanung sieht vor, dass ich nach dem Unterrichtsgespräch (Meldekette) auf jeden Fall genügend Zeit für die Gruppenarbeit und Vorstellung der Ergebnisse haben werde. Sollte die Klasse mehr Zeit benötigen, werde ich abwägen, ob ich die Ergebniskontrolle teilweise oder komplett in der nächsten Stunde zeigen und somit nach der Gruppenarbeit die Folien einsammle (um diese in der Folgestunde wieder mitzubringen) und die Stunde schließe, indem ich die Klasse danach befragen werde, wie das Ende ihrer Meinung nach aussieht und somit die Hausaufgabe erteile:

*How could Amanda's suicide have been avoided?*
*Show the different perspectives of family, classmates and school.*

## Fachspezifische Entscheidungen:

### Hinweise zur Einsprachigkeit

Als Lehrperson nutze ich im Englischunterricht ausschließlich die Zielsprache. Den SuS fällt es allerdings noch schwer, konsequent die englische Sprache anzuwenden. Die SuS werden dann darauf hingewiesen, in der Zielsprache zu kommunizieren. Da die SuS in den vergangenen Jahren oftmals Wörter oder Sätze auf Deutsch sagen durften, wenn sie mit ihrem Vokabular nicht weiterkamen, muss ich sehr stark darauf achten, dass die funktionale Einsprachigkeit im Klassenzimmer durchgesetzt wird, denn nach dem Konzept der funktionalen Einsprachigkeit gilt der Gebrauch der Fremdsprache selbst als das Ziel und auch als der Weg zum Ziel. Dabei wirkt aber die Muttersprache immer mit und sollte deshalb nicht kategorisch aus dem Unterricht ausgeschlossen, sondern in manchen Fällen produktiv genutzt werden.

Die SuS sollen lernen, dass sie es zumindest versuchen sollen, ihren Gedanken auf Englisch zu formulieren, ganz egal, ob dieser fehlerhaft ist, denn in ich Verfolge das Prinzip message before accuracy.

*Bemerkungen zur Fehlerkorrektur:*

Die SuS der 9a befinden sich im fünften Lernjahr in Englisch und verfügen bereits über einen ordentlich aufgebauten Wortschatz. Es kommt noch zu Fehlern bei der sprachlichen Produktion. Da die SuS motiviert werden sollen, frei zu sprechen, gerade im Hinblick auf die mündliche Prüfung im Juni und einige sich nicht trauen oder aus sich heraus kommen, ihre Gedanken im Englischen zu verbalisieren, korrigiere ich während des freien Sprechens wenig, um den jeweiligen SuS nicht zu unterbrechen oder zu demotivieren.

# Literatur- und Quellenverzeichnis

1. Grieser-Kindel, C.,Henseler, R.,Möller, S. MethodGuide. 2014. Paderborn. Schöningh
2. Haß, F. Fachdidaktik Englisch. 2015. Stuttgart. Klett.
3. Mattes, W., Methoden für den Unterricht. 2011. Paderborn. Schöningh.
4. Kernlehrplan NRW SekI

**Internetquellen:**

1. https://www.youtube.com/results?search_query=amanda+todd+my+story+strugglin g+bullying (21.04.2015)

# BEI GRIN MACHT SICH IHR WISSEN BEZAHLT

- Wir veröffentlichen Ihre Hausarbeit, Bachelor- und Masterarbeit

- Ihr eigenes eBook und Buch - weltweit in allen wichtigen Shops

- Verdienen Sie an jedem Verkauf

Jetzt bei www.GRIN.com hochladen und kostenlos publizieren